꽃의 밑천은 다 어디로 갔을까

이수미 시집

시인동네 시인선 123   이수미 시집

꽃의 밑천은 다 어디로 갔을까

시인동네

시인의 말

유배 아닌 유배를 살았다.

나는 자주 사람들을 놓쳤고
속도 밖으로 밀려나기만 했다.

홀로 핀다는 것만큼
외로운 일은 없다.

2020년 2월
이수미

차례

시인의 말

제1부

합의 · 13

편두통 · 14

배밭 발전소 · 16

거미줄엔 거미가 없다 · 18

말 그림을 그리는 화가들 · 20

팔을 걷으면 · 22

달을 심다 · 24

개척교회 · 26

비스듬히 기다리는 시간 · 28

자작나무 동물성 · 30

굴뚝 날도래 · 32

철새 · 34

휘파람새 · 36

적막의 목구멍을 들여다본 적 있다 · 38

버클 · 40

나무 염불 · 42

해변의 결혼 · 44

어머니라는 그 머나먼 말씀 · 46

제2부

옷 입고 오는 비 · 49

어깨 너머 꽃밭 · 50

폭설 · 52

바닥 편지 · 54

이륙하기 좋은 곳 · 56

겹쳐진다는 것 · 58

화장 혹은 풍장 · 60

입을 가린 말 · 62

무성한 편식 · 64

폐허의 보루 · 66

검은 도시가 해안가로 밀려왔다 · 68

천장(天葬) · 70

밤의 실루엣 · 72

그림자를 오해하다 · 74

파르르, 점 · 76

유전자 · 78

별의 부속품 · 80

정오의 효력 · 82

제3부

멀리 가는 말 · 85

꿈의 속도 · 86

세간(世間)의 흥정 · 88

열한 살 · 90

아버지의 난닝구 · 91

술병의 시간 · 92

먼발치 · 94

유속으로 달렸다 · 96

봄의 소유권 · 97

하루 치의 전설 · 98

고요한 절정 · 100

감꽃 · 102

변이(變異) · 103

꽃들의 방 · 104

압화(壓化) · 106

유혹 · 107

봉인을 풀다 · 108

파란 시절 지나 붉은 고추밭 너머 · 110

해설 멈추지 않는 단어들 · 111
　　　박동억(문학평론가)

제1부

합의

 합판을 사포로 문지르자 거칠게 일어섰던 결들이 가라앉기 시작한다 사포의 거칠고 껄끄러운 표면이 나무의 거친 것들을 잠재운다 이것은 서로의 양보가 아니라 서로를 닳아가자는 합의, 그러니까 모든 합의 속에는 부드러운 나뭇결이 있다

 그렇다면 저 뜨거운 태양을 한번 사포질해볼까 햇살 속에 들어 있는 빛의 바늘들을 모두 밀어내 따사롭고 서늘한 가을볕으로 만드는 건 어때, 오래도록 마음 눅눅하게 만드는 구름 낀 하늘도 빡빡 문질러 습기를 빼내 버리고 두둥실 흰 구름만 띄워놓는 거야 잡초 무성한 공터를 시원하게 밀어낸다면 그 위에 하얗고 불빛 맑은 집 한 채 지을 수 있겠지

 거친 나뭇결을 사포질하다가 알았다
 서로 아프게 맞닿아 양보한 곳들이
 부드럽고 매끈한 표면이 된다는 것을,
 부드러운 것들끼리는
 아픈 뒤가 없다는 것을,

편두통

편향(偏向)을 버렸어야 했다.

어미 딱따구리가 잠시 집 비운 사이 나무속 궁륭에 귀를 대면 배고픈 부리들의 어둑한 울음이 나무를 타고 내 귀로 건너왔다.

내 귀는 딱따구리가 파놓은 둥지 입구였는지 수시로 날개들이 들락거린다. 속엣것들 모두 파내고 그곳에 보채고 달래야 할 날개 일가를 들였는지 웅웅, 부리들이 우는 소리가 들린다.

구부려져 있어 생각이지만 꽃들은 떨어져 내리고
오른쪽 가지가 끝 쪽부터 말라갔다.

봄도 아니고 포란기도 아닌데 몇 년째 날아가지 않는 딱따구리, 처음 탐색전을 펼칠 때 아낌없이 주변의 잡목들 뱄어야 했다. 속속들이 털어내고 귀 입구에 허수아비를 세웠어야 했다. 화려한 관(冠), 오색 광채에 눈멀어 숨겨진 날카로운 발톱

보지 못했다. 나선형으로 오르며 쪼아대는 신기의 사냥질에 가시 달린 입속 긴 혀 눈치채지 못했다.

 잠깐 딱따구리가 잠든 사이 천근만큼이나 무거워진 머리를 바닥에 대고 누워본다. 난도질 머릿속이 배고픈 부리들처럼 운다.

 귓구멍을 막아야겠다.
 아니, 말라가는 가지들을 다시 흔들어야겠다.

배밭 발전소

낙화 선별 중인 배밭,
누가 불 끄는 걸 잊은 채 외출했을까
대낮인데도 환하다

생전에 스위치 내리는 습관으로 온 방 돌아다니시다 배밭 한 귀퉁이에 묻히신 할머니, 어쩌면 지하의 발전소 직원이라도 되어 계실지 몰라. 지상의 배밭이 환한 건 지하에서도 절전하시는 할머니 덕일 거야, 그렇지 않고서 저렇게 밝은 불빛 땅 위에 켜질 리 없어. 매년 이맘때쯤이면 땅속에서 바쁘게 들려오는 발전소 기계 돌아가는 소리. 이런 봄밤에 할머니 무덤에 찾아가서 계세요? 아무리 불러 봐도 대답 없을 거야. 할머니는 무덤 비워놓고 잠시 지상으로 나와 배나무마다 불 끄고 다니실지도 모르니까.

저 많은 방의 불들 언제 다 끄실까
할머니는 죽어서도 바쁜 철이시겠다

불 다 꺼진 나무에선

캄캄한 열매들이 열리겠지만
배는, 환했던 불빛을 껍질 속에 가두고 있어
밝은 대낮의 맛인 거지

빈집같이 적요한 배밭 귀퉁이의 무덤,
할머니 외출 중이시겠다

거미줄엔 거미가 없다

 거미줄을 걷어내려다 거미에게 물린 손가락 끝에서 붉은 피가 뚝뚝 떨어져 내린다.

 테두리가 예뻐 간직하고 있던 거울, 둥근 테두리를 따라 규칙적인 간격으로 거미가 지나갔다. 모든 거미줄은 바깥에서 시작해 정중앙에서 마무리를 짓지만 어떤 거미는 안에서 바깥으로 줄을 쳐나간다.

 사람들은 누구나 주먹 안에 거미를 키우며 산다. 그러나 주먹 함부로 펼치지 않는 건 그 끈끈한 점력 때문이다. 거미는 울분 속에 몸 숨긴 채 순간을 물색하다 피가 거꾸로 솟는 틈을 타 밖으로 빠져나온다.

 거미는 빈집을 찾아내는 재주를 지녔다. 오랫동안 사람이 들여다보지 않은 집은 제 스스로 거미를 끌어들이기도 한다.

 주먹 관리를 잘 못하는 옆방 남자, 그는 주먹 안의 거미를 자주 놓쳤다. 투망 펼치듯 벽에 걸린 거울에 순식간 거미줄을

쳤다. 때론 자신이 친 그물에 걸려 버둥거리기도 했다.

  거울에 함부로 주먹 넣지 마라.
  영원히 못 빠져나오는 자신 모습을 볼 수도 있다.

말 그림을 그리는 화가들

천안행 전철 동대문역,
갓 서른쯤 돼 보이는 두 여자가 전철에 오르더니
자리에 앉자마자 수다를 떨기 시작했다
나른하게 흩어져 있던 오후의 시선들이
팽팽하게 여자들 쪽으로 모여들었다
한 여자가 허공에다 자신의 말을 그리자
또 다른 여자가 재빠르게 자신의 말을 이어 그렸다
손끝을 통해 밖으로 쏟아져 나온 말들은
나비의 날갯짓처럼 가볍게, 때로는
폭풍우 속 파도처럼 사납게 출렁이며 전철 안을 떠다녔다
간단없이 말 그림을 그려대는 화가들,
그림들은 날아다니다 서로 부딪치고
포개졌다 튕겨나가며 상대방의 동공 속으로 빨려 들어갔다
팬터마임을 보는 것 같았다
달팽이관을 타고 어지럼증이 밀려왔다
그녀들의 수다의 질주는 한 여자가 내리면서 멈추고
모여든 시선들도 각자 제자리로 돌아갔다
여자는 대화 상대를 잃어버린 머쓱해진 손을

다소곳이 무릎 위에 얹어놓더니
이내 꾸벅꾸벅 졸기 시작했다

팔을 걷으면

팔을 걷어붙인다는 말엔
옷소매와 맨 팔이 동시에 있다.

미뤄두었던 일들을 치우려 소매를 걷어 올리자 집 안과 밖에 것들이 바짝 긴장을 한다.

잔 흉터로 가득한 팔,

아무 데서나 소매를 걷어붙이고 허공에 구멍을 내며 남의 집 양동이 물 함부로 휘젓고 다니던 때 울타리가 없어 입은 상흔들이다.

걷어 올렸던 소매를 풀자 적의는 호의로 바뀌었다. 야생을 겨냥하던 활이 과녁을 비껴갔고 주먹은 다정한 악수로 변했다.

팔을 걷는다는 건 손을 다그치는 일
느린 몸을 일으켜 세우고 부풀게 만들고

상대의 머리털을 곤추서게 하는 일이다.

소매를 걷는데 바람이 차다.
나무가 무성하게 걷어 올렸던 잎들을 풀어 내릴 때다.

달을 심다

마당은 우리 집에서 가장 가까운 행성이다.

올해는 저 멀고 환한 행성에
백목련 한 그루 분양해 줄 것이다
수백 송이 꽃등을 밝힐 것이다
그러면 꽃등 무게만큼의 각도로 기울어지면서
태양의 반대편에서
달이 끼어들겠지
잎보다 꽃잎 먼저 여는 습성으로
달은 스스로 환해지는 방법을 터득하겠지

상처투성이 뒷면을 지닌 채
떠 있는 행성
저 거칠고 누더기 땅 다독거려
백목련 한 그루 심어준다면
매년 스스로 꽃잎 열고 달을 것이다

봄 다 지나간 다음

여름이 오지 않는 곳 보지 못했다
내가 관여하지 않아도 이미
달은 계절로 돌기 시작할 것이다

개척교회

비탈이 심한 거여동 산 63번지 예배당, 먼 바다를 건너 어느 대륙에서부터 굴러온 콩굴뤼쉬는 낯설었고 내게 강 같은 평화는 자주 없었다.

의자란 이쪽과 저쪽의 값이 짧아야 한다거나 혼자이거나 둘이서 앉는 것이라는 부정적 생각을 깨준 것은 그곳이 처음이었다. 그곳은 맹지였지만 길이 없어도 주일은 꼭꼭 찾아왔다. 할머니들은 미신으로 바빴고, 교회 종탑은 예배당에서 가장 소란한 나무였다. 하늘과 땅, 항상 두 곳을 염두에 두고 길을 찾아야 한다던 신출내기 전도사는 그 지역에서 가장 친절한 사람이었다.

저녁이면 성스러운 언덕을 찾아 하나 둘씩 양들이 모여들던 그곳엔, 젊거나 늙은 양들보다 울타리를 뛰쳐나왔거나 아직은 되새김질이 서툰 어린 양들이 더 많았다. 겨울이면 흩어지는 습성을 지닌 양떼들을 신출내기 전도사는 용케도 예배당 구석으로 잘 몰아넣었다. 양떼들 속에는 가끔씩 수염을 들키지 않으려는 듯 기도하는 척 엎드려 있는 염소의 모습도 있

었으니,

  나는 그 예배당에서 제일 잘생긴 뒤통수와 연애를 했다. 어떤 날에는 청맹과니처럼 코앞에 집을 두고도 찾지를 못했다. 그런 날엔 종아리 가득 회초리 자국이 부풀어 올랐다.

  지금 내 발등의 등불인 그때 외웠던 골방 같은 기도문 하나, 그 불빛 되짚어 올라가다 보면 거기 말갛게 물집 잡혀 부풀어 오른 회초리 자국들이 있다.

비스듬히 기다리는 시간

단발머리 어린 시절
　바짝, 각도 눕혀 내 근처를 따라 돌지도 못하고 멀찌감치 원을 풀면서 맴돌던 자전거 같던 남자아이

　나는 매일 비스듬히 내 곁을 따라 돌던 그 아이 그림자를 못되게 밟고 다녔었다.

　지구를 중심축으로 달이 공전하듯
　그때 나는 그 아이의 중심이었을까.
　몸이 균형을 잡으려 왼쪽으로 치우치듯
　그때 나는 그 아이의 두근대던 심장이었을까.

그늘은 다 비스듬하다.
비스듬하다는 것은 어느 쪽으로 기울어졌다는 뜻이고
그쪽으로 머쓱한 제 키를 늘리겠다는 뜻이다.

　골목길 한쪽
　작은 지지대 하나가 자전거를 받치고 서서 지난 시간의 원

하나를 길게 풀며 돌고 있다.

두근두근
한때 누군가의 겹친 심장이었던 적 있었다.

그때 자전거는 무슨 생각에 그리 골똘히 빠져 있던 걸까.

자작나무 동물성

—샤먼들은 그들의 껍질을 벗겨 별을 주워
담을 은싸라기 망태를 만들었다

알타이 사냥꾼 말발굽 소리에 쫓겨
원대리 산속으로 숨어든 자작나무
폭설을 따라 이동하느라 생긴 생채기마다
검은빛들이 빼곡하다

만지면 손가락 끝에
순백의 기름이 묻어날 것 같은 털들,
불에 태우면 연기의 털에서
자작자작 불길을 달리는 소리가 난다

멀리까지 왔지만
멀리 가지 않는 습성으로 인해
변온동물로 진화되었다

옛날에는 동물들 등에 격문(檄文)을 적었다고 한다

밤이면 꼬리가 북쪽을 향해
기슭을 사냥한다는 저 짐승들 등짝에
누가 천년을 지고 갈 연서를 새겨놓았을까
거침없이 달리고
하늘을 흔들어놓는 유전자를 지닌 자작나무,
하늘 깊숙이 관을 박은 채
바람을 유인해 영역을 표시하며
무슨 염원 올리고 있는 것일까

겨울, 나무들이 털을 다듬는다
흰 눈이 자작자작 뜸을 들인다
은싸라기 바구니를 헐면
몇 겹의 털로도 밥을 지을 수 있다

굴뚝 날도래

얼마나 더 걸러 마셔야 연기처럼 날아오를까
원통형의 굴뚝에 갇혀 비상을 꿈꾸는
굴뚝 날도래
한입 가득 나무를 물고 불꽃을 튀기는 아궁이
나무가 하얗게 삭을 때까지 연기를 짜낸다
굼실굼실 식도를 넘어 방고래 속으로
빨려 들어가는 불길들
구석구석 돌아 구들을 덥히고 비상하는 연기
집 안이 따뜻한 건 굴뚝이
길고 넘실거리는 흰 똥을 누기 때문이야
어릴 적, 아버지한테 야단맞고 나와
굴뚝 옆에 쭈그려 앉아 울고 있을 때
도둑담배를 피우러 나온 오빠가 말했었다

췌장을 앓고 계신 아버지
오늘도 바지에 똥칠을 하셨다
식구들 밥 먼저 익히고 빠져나오느라
굴뚝 무너져 내리는 줄 모르셨던 아버지

그 불의 뒤끝 냄새가 코를 찌르지만
연기는 굴뚝이 뽑아 올리는 것이 아니라
집이 밀어내는 것이다
언젠가 다 한 번씩 날아오를 것들이
굴뚝을 통과 중이거나
묵묵히 견디고 있는 것이다

철새

별들이 자리를 옮겨 앉자
바람도 방향을 바꿨다
깃털들이 일어나
바람의 냄새를 감별한다
뭉뚱그려진 발목은 지난겨울의 악몽이다
낙오된 시간이 뼛속에 구멍을 키웠다
헐거워진 모낭은 깃털을 자주 놓쳤다
들고양이 푸른 광채를 피해
습지를 떠돌던 시간들,
기류를 가르는 꿈이 불안을 재웠다
날개를 퍼덕이며 이륙을 점검한다
맞지 않은 균형으로 활주가 불안하다
매운맛에 길들여진 혀가
카샤*와 호밀빵 맛을 잃어갔다
대륙을 건너기엔
비축된 힘이 모자랐다
체류기간을 훌쩍 넘긴 날짜들이
날개 끝에 절어 있다

자작자작, 흰 피부의 여인들이 빗금을 그으며
눈동자 속으로 들어온다
비행하지 못하는 지금이 가장 혹독한 비행이다
사내의 낡은 점퍼에서
깃털들이 자꾸 빠져나온다

---

*호밀빵과 함께 러시아인들이 즐겨 먹는 죽.

휘파람새

밤이 되면
나무가 되는 엄마의 몸속으로
휘파람새 날아와 운다

어둠을 휘휘 저으며
가파른 고갯길을 넘어가다가 잠시
내려앉아 숨 고르는지
푸 푸, 밭은 숨을 몰아쉬다가
삐익 삐익 휘파람을 분다

저것은 분명 기침의 부리다
부리 가득 울음을 물고
어떻게 엄마의 몸속으로 들어갔을까
혹한의 이름들을 삼킨 것일까
그 추위로 인해 엄마는
여전히 녹지 않고 있는 것일까

환청처럼 들려오는 새소리에

몸 뒤척일 때마다 스스슥,
홑이불 같은 잎사귀들이 흔들리는 밤

엄마가 잠들었던 자리를 들춰보면
새의 깃털, 몇 개 떨어져 있다

적막의 목구멍을 들여다본 적 있다

꽃들의 관계는 붉어서 만조에 들고
새들은 제 둥지 속으로 드느라 분주한 봄날
나는 두 손을 포개어 귀를 받치고
모로 눕는다
한쪽은 등이 되고 한쪽은 앞이 되는

잠깐 귀가 하나여서 적막해진다
그렇게 쉽게 문 열지 말았어야 했어
끙, 하고 돌아눕는 생각을
산꿩 울음이 날아와 북북 찢는다
지난봄 날아간 멧비둘기 소식은 아직 없고
나무는 시나브로 그늘이 깊다
습하고 눅눅하지 않아도
유독 오래 머무는 적막

감자알이 땅속 어둠을 밀어내고
마늘종이 대궁을 빠져나오느라 몸 비트는
누구에게도 들키지 않는 속도를

포개진 두 손이 듣고 해독하는 시간
나를 통째로 삼켜버린 적막은
살얼음보다 얇고 예민해서
바스락, 돌아만 누워도 쉽게 깨져버렸다

그날, 적막의 목구멍에서 나를 끄집어낸 건
이 나무에서 저 나무로 돌아눕던
새들의 기척이었다

버클

옥죄는 생을 피하려면
몇 개의 적당한 구멍이 필요하다

둥근 버클에서 출발한 둘레는
다시 처음으로 돌아와 채워진다
그 둘레엔 여분의 구멍들이 몇 개쯤 더 있다

똬리를 틀고 있는 것으로 보아
저것은 뱀이다 그러나
자신의 꼬리를 자주 무는 것으로 보아
뱀은 분명 아니다

느슨하게 혹은 바짝,
계절을 제 안으로 밀어 넣거나 꺼내놓거나
어느 외투 속에서 똬리 틀며 기회를 엿보지만
허리와 골반, 그 경계를 한 번도 넘지 못했다

가끔 한 칸 벗어난 구멍을 채우지 못해

흘러내리던 날들이 있었다

몇 개의 구멍은 둘레일 뿐
생명선은 한 칸의 안과 밖이다
느슨한 숨을 경계해야 한다

오래 머물렀던 자국,
그것을 몇 년 전이라 부른다

나무 염불

절간 입구에서 한 오십 년
입석 정진하다 보면 나무도 비로소
입 열리고 목청 터질 수 있는 것일까
아침저녁 예불시간 맞춰
염불하는 오동나무

포교는 언감생심
마을까지는 멀고 절간까지는 지척인
딱 산문(山門)만 지키는 독경엔
미처 삭발 못한 머리털 한 올이
스피커 속에서 운다

파란 번뇌부터 바스락거리는 장삼까지
걸치고 벗기를 여러 번
계절을 두루 섭렵하고 정진 바라밀 하다가도
봄만 되면 철없이 속세의 계절을 따라
마을 쪽으로 가지를 뻗는 새순들
외다리 참선으로 고승은 못되고

고목이 되어가는 오동나무
까칠한 맨몸에 목청만 따뜻하다

저 몸통을 열면 사리 대신
벌레 먹은 알밤 툭툭 떨어지거나
무른 목탁 몇백 개쯤 쏟아져 나오겠다

해변의 결혼

바람이 신랑과 신부의 소식을 물어온다
꾹꾹, 서명하듯 모래 위에 발자국 찍으며
날리는 쪽에서 더욱 행복하자고
서로의 다짐을 기록 중이다
해변이 그윽하게 풀어놓는 맹세들을
뷰파인더가 빠른 속도로 끌어당긴다

드레스가 펄럭일 때마다
더 이상 들춰지지 않으려 애쓰는 신부
흐트러지는 머리칼을 매만지며 지금
어떤 분열의 순간을
수습하는 법을 터득하고 있는지도 모른다

—어느 쪽으로 무너질지 방향만 알아도 살겠다

어느 봄밤,
소쩍새처럼 불쑥 찾아와 토해놓던 친구의 푸념처럼
한 이십 년 살다 보면 저들도 알게 될까

사랑의 유효기간은 옷깃을 헤집는
바람의 속도에 비례한다는 걸
몇 장의 사진을 찍는 동안
평생 행복할 웃음과 포즈를 다 쓰고 있는 듯한
저들을 낭비라고는 말하지 말자

어머니라는 그 머나먼 말씀

　당신은 나의 모국어
　나는 당신의 모든 언어에 빌붙어 살았다.

　은연중 당신이 가르친 말을 살다가 말이 말씀이라는 격에 이르지 못할 때 나는 중언부언, 당신을 뒤적인다. 내가 쳐놓은 내 죄의 덫에 덜컥 말문이 걸릴 때 최초의 말이 내게로 올 때 함께 따라온 당신의 웃음을 표정으로 뒤집어쓴다.

　가끔 당신이라는,
　그 머나먼 말씀을 잊을 때가 있다.

　말은 가고 오는 것이지만
　말씀은 내게로 와서 쉽게 돌아가지 않는다.
　그 말씀이 내 말을 지키고 다독거려
　천금 같은 대답을 거슬러 줄 때가 있다.

제2부

옷 입고 오는 비*

 고추모종을 옮겨 심던 할머니가 비 한 벌을 흠뻑 입고 나무 밑으로 들어서고 있었다.

 비는 너무 가벼워서 무럭무럭 마른다. 젖은 새참 즈음을 벗지 않고도 출출한 정오로 갈아입는다.

 가랑비는 얇은 제 옷을 고추모종들에게 벗어 입혔다. 시들시들하던 모종들이 비 한 벌씩을 입고 고개를 빳빳이 치켜세웠다.

 애벌레처럼 몸을 말고 모종을 심던 할머니가 허리를 곧추세우고 밭고랑을 걸어 나가실 때 흰 실오라기들이 스멀스멀 풀려나오고 있었다.

 고추모종과 할머니가 같은 옷을 입고 있었다.

---

*정진규의 시 「옷—알 26」 인용.

어깨 너머 꽃밭

십 원짜리 동전들이 몰려다녀요
엉덩이들은 따뜻하구요
문 밖의 밭들도 다 쉬고 있어요
겨울에 피는 꽃은 따먹는 맛이 있죠
여자들은 앞자락마다 꽃들을 진열해놓아요
나는 어려서 어깨 너머로 꽃들의 이름을 배웠어요
매화 벚꽃 모란 국화 난초,
한 손에 열두 달을 다 쥘 수 있다는 것도 그때 배웠지요
꽃들에겐 저마다 달[月]이 정해져 있지만
엎치락뒤치락 만날 때마다 서로 치고받았죠
이 손 저 손을 건너다니며
가슴을 졸이게 만들고 계절을 다투지만
개평, 열두 달을 손에 쥐고 오고 간 값을 헤아리다 보면
꽃의 시절은 손가락 사이로 술술 빠져나갔어요
조금씩 허물어지면서 사라진
꽃의 밑천은 다 어디로 갔을까요

꽃들이나 사람이나 살다 보면 짝들이 사라져요

시계방향으로 돌던 계절에
감쪽같이 꽃 하나가 숨곤 하지만
꽃 판에서 꽃대 하나가 사라진다는 건
누군가 잠시 한눈을 판 시간의 값이죠
젊은 언니 엉덩이 밑에 깔려 있던
그 앙큼한 꽃, 모든 판의 파투는
숨은 꽃들 탓이겠지만
꽃들은 여전히 판을 돌고 있죠

폭설

야음을 틈타는 작업이다.
흐린 하늘 어디쯤에 제지 공장 있는 것일까
윙윙 추위가 그 베어링을 돌리며 뽑아낸
흰 종이들이 쌓였다.
겹겹이 바닥과 능선을 가리지 않고
백상지 뭉치들을 펼쳐놓았다.

이른 꽃눈들을 쓰고 있는 나뭇가지들과
시린 발자국들을 필사해내는 순백의 지면에
폴짝폴짝 총총총 가볍게 때로는 묵직하게 찍고 누르며
온갖 날개와 꼬리들의 간서(刊書)는
흘림체기법이어서 읽기도 전에
땅속으로 스며들거나
아이들이 만들어놓은 눈사람 속으로
둘둘 말려 들어가기도 한다.

내 발밑의 무늬도 이제서야 알게 된,
천지간의 육필이 선명하다.

종이 한 장의 무게로
흑과 백의 대립이 바뀌어버렸다.

해가 떠오르면 곧 녹아내릴 것들이지만
공중과 바다 그 사이가 속 시원한
한 장의 판결문같이 청명하다.
지붕도 살얼음 숨어 있는 저수지도
달리는 버스도
모든 기록은 빙점(氷點)에서 시작된다.

바닥 편지

꽃으로 왔던 시간들 모두 거두어 이만 돌아간다고
바닥 가득 써놓은 필체가 미려하군요.

겹치고 엇갈리며 써 내려간 문장들을, 처음부터 읽고 끝에
서부터 더듬어 읽고 흐트러질까 숨 참으며 다시 읽어봅니다.

연과 행을 이루는 글자들마다 홑잎으로 뛰던 심장이 두근
두근 읽힙니다. 편지 한 장 쓰는 데 삼 일은 성급하고 한 오 일
은 정신 못 차렸겠고 또 한 삼 일은 조급했을 테지요.

잔가지 더 길게 내밀었던 쪽으로의
수북한 산화(散花)

곧이어 파랗게 맺힐 버찌에 보라색 피를 모두 맡겨놓고 간
의중이 다시 볼 수 없을 거란 은유로 읽혀지는 건 나의 오독
(誤讀)일까요

화르르 화르르 타올라 소진될 색(色), 봄이 퇴거하면 바닥

은 늙고 퇴색되겠지만 밟힐 줄 알고 멈칫멈칫 유약한 말투만 골라 흩뿌려놓았군요.

  굳이 흔들지 않아도
  꽃가지들은 허물어지고 맙니다.

이륙하기 좋은 곳

근처에 이륙하기 좋은 곳이 있다.
참수리들이 때를 가리지 않고 편대로 날아올라
순식간 V자 대형을 펼치는 곳,
건물과 나무들이 키를 낮추고
옆으로만 평수를 늘리는 저곳엔
넓은 활주로가 있는 것이 분명하다.
소음이 온종일 주위에 가득한 날은
귀에서 바람 소리가 난다.
구름을 찢는 날 선 소음들이
고막에 항적을 남긴다.

이곳에선 모든 것들이 이륙하기 위해 들뜬다.
꽃병의 꽃들이 밖으로 뛰쳐나오고
가족들 웃음은 몇 번이나
액자 속에서 쏟아져 날아간 지 오래다.
가축들도 뱃속의 숨을 자주 놓친다.
들뜨지 않는 것들은 타설된 콘크리트이거나
오래전에 박힌 못들이거나

늙은 토박이들뿐이다.
한밤의 잠이 이륙하고 창문들이 이륙하고
귀들이 이륙하고, 그럭저럭
체념들이 이륙할 듯 들뜨다 가라앉는다.
자주 들뜨다 보면 그만큼 주저앉는 일도 잦다.

이 마을에서 이륙하지 못한 사람들은 몇 되지 않는다.
주저앉기 좋은 마을이지만
활주로는 한 번도 본 적 없다.

겹쳐진다는 것

병원 주차장 주차 라인 한 칸을 차지하고
박새가 죽어 있다
허공을 콩콩 밟으며 가는
나무와 가지 사이를 건너다니던 발과
방향을 잡느라 분주하게 휘젓던 날개가
빳빳하게 굳어 있다

새는, 지상의 주차장에 부스스한 육신을 주차시켜 놓고
부리의 영혼만 페루로 떠나간 것일까

박새가 누워 있는 곳, 아무도
차를 대지 않았다
지상에서 가장 소형의 주차
장기 주차가 될 것 같지만
오래된 평토장 위에 다시 무덤을 쓰는 것처럼
어느 눈 밝지 못한 자의 바퀴가
저 주차 위에 겹쳐질 때가 올 것이다

여러 퇴적층이 쌓여 지층을 이루고 글자와 숫자들이 계절 속으로 떨어져 쌓이듯 겹쳐진다는 건 날개와 구르는 바퀴와 내 발자국들이 한데 뒤섞여지는 것은 아닐까

응급실의 이동 침대도 그렇고
청진기를 들고 걸어가는 저 의사의 늙은 귀도 그렇고
팔딱거리다 멈춘 심장 소리들,
얼마나 많이 겹쳐져 있을까

까마득하게 겹쳐지며 채워져 나가는 빈칸의 죽음들
병원을 나오며 돌아보니 여전히
빈칸 아닌 빈칸으로 채워져 있는 그곳

화장 혹은 풍장

가스레인지 손잡이를 돌리듯 햇살이 봄 들판을 중심으로 돌자 몇만 평 억새밭에 파란 불꽃들 일제히 일어선다.

햇살이 중심을 향해 돈다는 것은 들판을 한 곳으로 집약시키거나 바깥으로 벗어나게 하려는 끝점의 속셈이다.

파란 불꽃들 사이로
바람이 들락거린다.

불꽃들이 휩쓸려 누웠다가 일어서기를 반복하면서 키를 늘리는 건 바람을 지주로 두고 있기 때문이다.

들판이 여름 내 껴입은
초록이 통통하다.

그 중심을 헐고 색이란 색을 모두 뽑아 흰 꽁지를 짓는다. 부화기의 새떼들이 날아오르듯 쓸쓸한 꽁지로 갈아입은 들판, 저 소슬한 색조는 죽을 자들만이 입고 갈 빛깔이다.

하늘이 들판에 불을 지른다.
억새들이 바람을 타고 휘어졌던 쪽으로 달려가며
맞불을 놓고 활활, 들판이 타오른다.

화장이다, 아니
바람의 근친이었으니 풍장이다.

입을 가린 말

포수가 마운드 위의 투수에게 다가가자
투수는 넓은 글러브로 입을 가린다.
저들은 말의 구질을 의논 중이다.
이것은 누구에게도 들키기 싫은 코너워크,
옮겨 다니는 구질을 감추자는 것이다.

손으로 입을 가리고 주고받는
모양 없는 말들이 공중에서 섞이고 있다.
두 사람은 단박에 알아차렸다는 듯 고개를 끄떡인다.

전화벨이 울리자 슬그머니 밖으로 나가는 남편
손으로 입을 가리고 자기들끼리 주고받는 말이
서로의 글러브 안으로 쏙쏙 들어가는지
창문 너머로 보이는 남편의 입가에
의미심장한 미소가 연신 번진다.

나는 남편의 미트를 오랫동안 응시했다.
저 입속에 감춰진 말의 구질을 알아내야 하는데

말에도 손을 댈 수 없는 말이 있다.

구석을 찌르는 말이 가장 속기 쉬운 말이지만
그것은 내 구석이 아니다.

무성한 편식

무성한 풀밭에 농구 골대, 덩그러니 서 있다
오래 점수를 먹지 못한 탓인지
군데군데 녹슬고 칠 벗겨져 있다
수풀은 스코어도 없이 푸른 함성을 질러대는데
규칙이 사라진 맨땅 코트는
공수(攻守)가 뒤섞여 무질서하다

한참을 지켜봐도 빈 입이다
짧은 식도의 힘줄이 툭툭 불거지도록 말랐지만
아무거나 입에 넣지 않는다

바닥을 통통 튕기던 리듬이 텅, 입속으로 빨려 들어가던 명중 삼킬 때마다 목구멍 밑은 다시 시작되던 판판이었지만 지금은 바람 빠진 스코어들만 무성하다

바닥에 잡풀이 무성하다는 건
입가를 비껴간 것들이 많았다는 증거겠지만
저 빈 위장도 오래 굶다 보면

농구공이 아닌 것들 삼킬 날 오지 않을까

무엇을 먹는다는 건 모두
정확하게 명중되는 것들이다

폐허의 보루

이삿짐 트럭이 빠져나간 뒤
폐기물 업자는 기다렸다는 듯
대문짝을 뜯어 싣고 갔다
어느 집이든 들고 나갈 때가 있기 마련이어서
세간들은 늘고 버려지는 것들 또한 는다
반쯤 허물어진 시멘트 기둥에
덩그러니 매달린 빛바랜 초인종
허물어진 주소를 지키고 있는
저 폐허의 보루를 누르면
슬리퍼 끄는 소리와 함께
딸깍, 대문이 열리고
봄 햇살 나른히 내려앉은 마당과
줄장미 흐드러진 담장이
되감기하듯 복원될 것 같은데,
아직 열어야 할 어떤 문 있는지
또는 닫아걸고 있어야 할 잔해가 있는지
딩동딩동, 환청으로 매달려 있다

벚꽃 지고 복사꽃 지고
봄은 시나브로 옷깃을 여미는데
금지옥엽 생명줄 먼저 떠나보내고
삼 년째 굳게 닫아건 개울 건넛집 대문,
그 녹슬어가는 소식에
저 초인종 떼어다 달아주고 싶다.

검은 도시가 해안가로 밀려왔다

오래전 물속으로 들어갔던 도시가
회귀하듯 돌아와 누웠다.
시든 풀꽃 같은 호흡으로 마지막을 견디고 있다.
물속 것들을 먹어서 젖은 호흡을 했다면
땅의 호흡은 땅의 것들을 먹었다는 뜻이다.

폐를 더욱 크게 부풀리고 때론 경적을 울리며 오호츠크에서 남극해까지 포경선을 피해 떠도는 동안 몸에 남아 있던 육지는 모두 퇴화되었다. 등짝 높은 곳까지 따개비가 다닥다닥, 수중(水中) 달동네를 이루고 있는 그 거대한 도시를 가볍게 뭍으로 끌어낸 건 부드러운 폐비닐, 마른 세상에서 쓰이는 꿈의 물질들은 변신술의 귀재다. 쇠 작살보다 더 진화된 도구다. 해파리처럼 부드럽게 오징어처럼 먹음직스럽게 흐느적흐느적 호흡기 속으로 침투한다. 목적을 이룰 때까지는 분열도 후퇴도 하지 않는 소리 없이 도시를 삼키는 포식자,

도시의 뱃속을 들여다보면 골목마다 온갖 쓰레기들이 허황된 유물처럼 쌓여 있다. 어두운 곳에선 시간도 악취를 풍긴

다.

　　검은 밤의 사체,
　　멀고 먼 시원(始原)의 꿈인 듯
　　포말이 밀려와 부서져 내린다.
　　멸망한 도시에선 한 호흡의 숨도 스스로 셀 수 없다.

천장(天葬)

자동차에 부딪친 고양이가
가까스로 붙잡고 있던 숨을 놓치자
귓속에 들어 있던 나비들이 일제히 날아올랐다

동공에 뜨고 지던 낮과 밤이
고양이의 늑골을 타고 빠져나가자
정오를 비켜 돌아앉던 그늘이
슬금슬금 다가왔다

고양이 꼬리와 수염과 두려운 행적을 타고
바작바작 타들어가던 애간장이
그늘의 배를 불린다
앞다투어 내려앉은 까치들이
고양이 눈 속에 딱딱하게 굳어 있는 정오를 파먹는
봄날의 천장,
그늘의 식성은 느릿하고
까치의 식성은 날카롭다

>

허방을 건너뛰던 중심과
방향을 감지하던 감각과 털들이
가장 낮은 바닥에 달라붙는다
까치들이 날아오를 때마다
너덜해진 털들이 따라 일어서 보지만
봄날의 그늘은 그 부력이 약하다

조문하듯 힐끔,
방향 트는 차량들을 따라
마찰음으로 쫓아가는 잔털들
나뭇가지에 앉아 부리를 닦던 까치가 갸우뚱,
그늘을 내려다보는
봄날의 천장

밤의 실루엣

불이 탁 켜지자 소스라치듯
난간 밖에 여자가 서 있다
어쩌다 그렇게 얇은 투명 속으로 들어갔니
어쩌다 밝은 곳에 반쪽을 두고
어둠 속으로 들어가
건너다만 보는 사이가 되었니

창문 앞에 서면
기다렸다는 듯 마주 다가서는 창밖의 여자

똑 닮은 모습의 내가 있다고
엄마는 왜 알려주지 않았을까
다른 세상을 떠돌다 온 듯 어둠을 등지고 묻는
안부가 종종 있을 거라고 왜 말해주지 않았을까
잘 살았냐고, 괜찮은 거냐고
안에서 열어야 되냐고 아니면
밖에서 열어야 합쳐질 수 있냐고 묻는 실루엣,
서로를 측은한 눈빛으로 건너다보는

창밖의 여자들

얇은 어둠 밖이나 안이나 서로 궁금해
나가고 들어가고 싶지만
와장창, 저 어둠 부서뜨려야 한다는 것 너도 알지?
지나간 언니처럼 미래의 동생처럼
흡수되지 못하고 튕겨져 나온 불투명한 존재들이
서로를 부서뜨리지 못해
한밤 오래도록 서로를 들여다보고 서 있다

절뚝절뚝 힘겹게 하루를 건너와
창문 앞에 서면
기다렸다는 듯 마주 다가서는
창밖의 여자

그림자를 오해하다

아버지는 항상 내게 검은색을 품고 다니라고 했다. 한밤에 검은 글자를 알아볼 수 있어야 미물에서 벗어난다고 했다. 그러나 흰 종이를 아무리 휘저어도 검은 글자들은 나타나지 않았다. 검은색을 몸 안으로 불러들이지 못한 나는 색각이상처럼 색을 구별하지 못했다.

나는 형형색색이라는 문자를 먼저 깨우쳤다. 늘 밝은 곳에서 밝은 색의 글자들만 읽고 썼다. 손끝의 문자에 길들여지면서 까막눈이 검은 눈이라 믿었다.

나는 넘치지도 모자라지도 않는 잉크병을 지니고 다녔다. 검은 눈을 하고 있는 동안엔 그림자가 생기지 않았다. 밝을 때 생기는 그림자를 검은색으로 오랫동안 오해했다.

어디쯤에서 허리가 굽고
머리가 세어버린 검은 글자들,
머리를 굴리지 못해 몸 고될 때마다
버릇처럼 검은색이 떠올랐다

검은색 안에는 아직도
비범한 아버지가 웅크리고 앉아 계셨다

 한 번도 검게 물들어본 적 없는 머리, 거울 앞에 앉아 정성스럽게 오징어먹물을 칠했다. 여전히 그림자와 검은색을 오해하면서,

파르르, 점

태어날 때부터 코 옆에
까만 점 하나를 달고 나왔다
어느 점괘에서는 철없는 누군가가
얼굴에 던진 돌이라고 했고
또 어떤 점괘에서는 멸종을 맞은 꽃이 남긴
마지막 씨앗이라고 했다

윤회의 시간을 돌고 도는 사이
나는 정말 누군가를 아프게 했던 존재여서
그때 옮겨왔을 까만 파장이었을지도 모르겠고
또 어느 생애에선 단명의
마지막 숨을 놓으며 가까스로 만들어낸
한 알의 꽃씨였을지도 모를 일이다

익을 대로 익은 얼굴을 하고 살아왔다
고개가 자꾸 숙여져 거울을 보면
언제 핀 흔적도 없이 맺혀 있는 씨앗,
아무래도 난 전생에

누군가를 아프게 했던 존재가 아니라
씨앗 품을 새 없이 손을 탔던
환한 얼굴이었을지도 모른다

언젠가 내 숨보다 늦게 떨어질
한 알의 씨앗,
내가 잠들어 있는 사이 내 얼굴을 공전하다가
어느 후생에서 다시 발아가 될 것이다

그때, 깨어날 준비하는 것일까
파르르, 점이 떨렸다

유전자

유전이란 첫울음으로 전해지는 것이 아니라
울음도 웃음도 없는 시대를 거슬러
날 닮은 것들을 찾아오는 것은 아닐까

이미 소멸한 몇 대를 거슬러
그중 나와 비슷한 어느 조상과
얼굴 맞춰보고 왔을 것이다

어느 시대 얼굴에서는 눈과 코를
어느 시대 핏속에선 불같은 성질을
어느 시대 조상에게선
마지막 뼈 한 마디가 안으로 굽는 새끼손가락을,
모두 소멸한 사람들 속에서 찾아왔을 것이다

나의 아들이 나를 찾아왔듯
아들의 아들들이 또 어느 날
이미 소멸한 나를 찾아올지도 모른다

아침 출근길,
한 여자가 나를 빤히 쳐다보고 지나갔다
그 여자는 몇백 년, 혹은
몇천 년 후의 내 유전일지도 모른다
세상의 얼굴들이란 다 떠도는 유령 같은 것,

나랑 가장 비슷한 얼굴을 위해
아침마다 비누칠을 하고
두 손으로 헹궈내는 일도 화장법도
이쯤에서 바꿔야 할 것 같다

독안(獨顔)으로 떠돌고 싶은,

별의 부속품

부서진 시간에 햇살의 광년이 도착해 있다
시속(時速)이 떠난 몸에
광년의 시간이 아무렇지도 않게 머물다 간다

누군가 뜯어놓은 괘종시계의 내부
은빛 관절과 정교한 톱니바퀴들로 가득 차 있다
복잡하게 뒤엉킨 듯하나
한 치의 오차 없이 순회하는 우주처럼
별들의 생멸로 째깍거렸을

시간에서 풀려난 분초(分秒)들은 지금쯤
빗방울이 되었거나 탱자나무 가시가 되었거나
또는 불규칙적으로 흔들리는
명아주 끝 순이거나
평생 꿈꾸지 못했던 시간 쪽으로
되돌아갈 수도 있는 공력,

세상의 공터들은 바늘이 없는 숫자판일까

시간이 담기지 않은 폐품들만 모여 있다
멈춘 시곗바늘을 반대 방향으로 돌려놓는다
어느 별까지의 거리가 한순간
손가락에 묻어나온다

무중력 공간에 떠 있거나 버려진 것들을 열어보면
그 속은 모두 별의 부속품으로 가득하다

정오의 효력

표준자오선을 지나는 태양 아래선 모두가 나른해져. 흰색에는 반드시 얼룩이 주인이듯 눅눅함을 치유하는 방법은 정오의 햇볕을 쬐는 일이지. 빨랫줄에 널려 있는 여러 색의 옷가지들 빛의 각도에 따라 바래지는 건 아픈 곳이 서로 다른 이유일 거야. 팔이 짧거나 다리가 닳았거나 깃이 해진 아픔들 드문드문 섞여 부풀어 오르는 보풀들 그럼에도 여전히 흰색을 즐겨 입는 이유는 찾고 싶은 얼룩이 있기 때문이지. 중독과 해독은 같은 색이거든

서둘러야 해, 바스락거림의 약효는 오래 가지 않으니까. 정오를 지나고 노을을 지나고 깜빡하는 순간 축축한 저녁에 물들겠지만 아픔은 대개 환할 때 찾아오는 법이거든. 알고 보면 다 눈 뜨고 있을 때의 일들이지.

제3부

멀리 가는 말

가까웠던 관계를 누가 더 멀리 보내나
서로 경쟁하는 것처럼
두 사람이 멱살을 잡고 싸운다.

큰 소리로 서로를 밀어내면서도
손은 멱살을 틀어쥐고 오히려 상대를
제 쪽으로 끌어당긴다.

멀리도 더 가까이도 아닌
그 자리를 벗어나지 못하는 싸움

멀리 가는 말[言]은
튼튼한 다리와
난폭한 갈기가 있다.

두 사람은 한동안 가까운 곳의
말투로 중얼거릴 것이다.

꿈의 속도

열차가 닿는 곳 어디에도
나를 기다리는 사람은 없어요

저 외곽 어느 구간을 지나면 빈자리가 생기는 열차를
나는 타지 않을 거예요
지금은 너무 추운 계절이니까요
작별이라는 수식어가
붙어 있지 않은 열차를 기다릴래요
거기 빈자리 하나 있어
어떤 설렘이 폐곡선을 그리며 순환하는 열차
지금쯤 아랫녘 어느 벌판을 지나
청보리밭 푸른 기운을 싣고 오다가
어느 간이역에서 누군가를 위해
잠시 정차해 있을지도 모를,

그러나 열차가 닿는 곳 그 어디에도
나를 기다리는 사람은 없을 거예요

첫눈을 끌고 오거나
동백을 피게 하는 바람의 환승역에 선들
꿈의 속도로 달려오는 열차에 오르진 않을 거예요
그대가 아무리 간절해도
지나간 시간을 타고 갈 순 없으니까요

세간(世間)의 흥정

탑골공원 뒷골목
이곳은 값이 정해지지 않은
세간의 흥정들이 모인 좌판,
중절모와 지팡이가 서로 의견들을 대변한다.
세간의 떠도는 말들이란 뚝 떼어낸 우수리이거나
억지로 깎은 헐값 같지만
세상을 몰라 더 박식해지는 법들이 흥건하다.

틀니의 말과 인플란트의 말이 섞이고
상업과 농업이 섞이고
좌우를 고집하는 젓가락 한 벌들이 섞인다.
지난해 주고받았던 안녕도 잊고
불안한 안위를 장기판 위에 던지며 받아친다.

동쪽에서 뜬 해가
서쪽에서 붉은 이유 따윈 안중에도 없다.

잠시 고요를 틈타 가라앉았던 하루의 침전과

맑은 부유가 담긴 막걸리 통을 흔들며
소멸과 환생을 흥정한다.

끊임없이 던져지는 빙 둘러싼 훈수에
늦은 오후가 기우뚱 흔들린다.

열한 살

내가 열한 살 때
우리 동네에 전기가 들어왔다
곳간에 쌓아놓았던
참깨 고추 서리태 같은 곡식들이 팔려나가자
우리 집 안방에도 테레비가 들어왔다
아홉 시 뉴스가 끝나자 아버지는
전기가 닳는다며 매몰차게 테레비를 꺼버렸다
연속극을 목 빼고 기다리던 나는
울컥, 속이 상하고 눈물이 났다

에이씨, 아부지 빨리 죽었으면 좋겠어

이불을 뒤집어쓰고 아버지가 안 들게 욕을 했다
이불 속으로 뒤따라 들어오던 동생이 맞장구를 쳤다

나두,

아버지의 난닝구

뜨겁고 차가운 생의 민감한 기후 앞에 알레르기 피부질환처럼 까칠했던 아버지, 툭하면 불뚝불뚝 감정 발진 일으켰나. 엄마 가슴에 살점이 패이고 생채기가 날 때까지 긁어야 직성이 풀렸다.

쇠진한 참을성, 마루 끝에 앉아 포악의 파편들을 내려다보던 엄마는 늙고 초라한 아버지의 속살을 무던히도 가리고 덮었다. 낡고 삭아 구멍 숭숭 뚫려버린 아버지의 난닝구, 그 사이로 드러나는 속살은 어머니의 외관이 된 지 오래였다. 낡은 것들이란 속엣것을 밖으로 밖으로 끌고나오는 시간의 가속도 같은 것이어서 그 헐렁한 외관을 차마 버리지 못하고 다시 어머니의 한여름 낮잠이 되었지만,

안쪽도 바깥도 아닌 경계에서
웅크리고 잠이 든 엄마
남들이 흉봐, 툭 내던지는 내 핀잔은
여전히 어머니의 내관에 머문다.

술병의 시간

아무렇게나 버려진 빈 술병은
그 입구가 천공(天空)이다
언제 활화(活火)될지 모르는 분화구다
빈속에 바람이라도 들이치면 또르르
굴러가기까지 하는 노숙이다

밀봉의 시간엔 반듯하게 세워져 있었지만
누군가 뚜껑을 따고 비어진 후부터는
비틀거리는 습성으로 전가되는 술병,
술 한 병 분량의 질곡은
체념의 알코올 표기와 같다

골목에 벤치 하나 놓인 후부터
어김없이 술병이 쓰러져 뒹굴었다
모든 징후는 일상 속에 숨어 있었다
취기에 젖은 분절음들이 굴러다니고
어떤 말들은 파랗게 날을 세우고
골목을 마구 찔러댔다

빈 술병은 즐거운 순간과 비애의 뒷모습으로
모두 뚜껑이 열려 있거나
텅 비어 있다

먼발치

한 남자가 오월의 그늘을 베고 잠들어 있다
16면 신문지를 깔고 덮은 잠자리
남자의 두 발이 간신히
일보(日報)의 바깥을 벗어나 있다
발은 구멍 난 빈축을 신고
경제면 정치면을 지나 보도블록 무늬가 시작되는 곳에
한 손의 고등어처럼 꼭 붙어 있다

부끄러운 저 발을 잠 밖으로 내놓기까지
지난겨울 땅바닥보다 더 낮은 곳으로부터
올라오는 치욕을 견디느라
스스로 얼굴에 그늘을 묻히고 병색을 들였을 것이다
그러다 가끔, 아주 간절한 절실함으로
일보(一步)쯤 탕진하고 싶었으리라
그런 밤이면 시린 발치를 불러들이느라
절뚝이는 악몽에 시달렸으리라

겨울을 건너 푸릇한 시간의 발치에서

종이 한 장 무게에 갇혀 잠들어 있는 남자
한때는 누군가의 든든한 양지였을
저 거뭇한 우듬지 같은
남자의 갈라터진 뒤꿈치 사이사이에
봄꽃들이 가득 피었다

유속으로 달렸다

저수지에서 승용차 한 대가 끌려 나온다. 수면은 비밀한 은닉처였음으로 낚시 바늘에 매단 시치미를 유독 잘 떼어먹었다. 물의 껍질을 벗기며 실종자를 찾아낸 건 가뭄이었다.

승용차는 주행을 다 소진했는지 묵묵히 끌려 나왔다. 어느 늪에서 헛바퀴 꽤나 돌린 듯했다. 지상의 속도로 처박힌 승용차는 그동안 저수지 속에서도 여전히 지독한 과속을 즐긴 듯 운전자는 이목구비가 다 지워져 있다.

다급한 저수지 주변과 달리 운전자는 익명으로 덮여 있다. 장애물 없는 속도를 질주하고 싶은 본능으로 느린 유속을 달리던 남자가 속도의 끝에 도달해 쉬고 있다. 남자의 주저흔은 고요하게 표정으로 압축될 것이다.

저수지 하나가 저렇게 빠른 속도를 갖고 있는 줄 몰랐다. 그러고 보니 무심히 지나쳤던 저수지가 가끔은 상향등을 켜고 달리는 것을 본 것도 같다.

봄의 소유권

돌담을 따라 황매화 만발하더니
봄꽃들이 빈집을 점령했다
머지않아 마당을 점령하고
지붕도 점령할 것이다

봄이 소유권 주장을 하고 나섰으니
저 빈집은 한동안
수군거리는 소문을
임시 주인으로 삼을 것이다

하루 치의 전설

전설은 나이가 많다
전설 속에선 수천 년이 하루에 무너지고
하루에 수천 년을 흘려버리기도 한다
모든 전설에는 예기치 못한 하루가 들어 있다
그 전설들을 뒤적여보면
무엇 하나 빼내거나 지우는 것으로
무너져 내린 것들이 있고
빈 곳을 채움으로 무너지는 것들도 있다

세상의 어느 하루를 채워서
온갖 슬픔을 목격하거나
하루를 비움으로서 슬픔이 된 전설,
처음부터 이빨 하나 나오지 않은 자리처럼
불완전했던 출발이, 그 하루가
성소가 되고 전설이 된다

내소사에 가면 받침목 하나 비어 있는 처마가 있고
천년 동안 화공을 기다리는

하루 치의 빈 벽이 있다
두 빈 곳이 천년 고찰을 떠받치고 있다
늙을수록 전설은 더 굳건해진다

전설은,
남는 하루와 모자라는 하루를 동시에 갖고 있다

고요한 절정

담장 위 아슬아슬 한껏 물오른 능소화,
제 몸 깊숙이 나비 한 마리 품은 채
담장을 뛰어내렸다

나비가 꽃을 파고든 것인지
꽃이 나비의 목덜미를 문 것인지
이빨 없는 것들의 합일

서로의 몸에 서로의 체취를 묻히며
물아일체를 이뤘다

마침,
꺾어질 준비를 하고 있었을까
호랑나비 한 마리 제 몸 깊숙이 품은 채
마지막 절정을 향해 치닫고 있는
담장 밑의 능소화

시드는 순간으로 집착이 되는 꽃과

꿈꾸는 관을 찾아든 나비가 함께 굳어가는
고요한 절정!

감꽃

마당을 쓸다가
감꽃 하나 주워 우물거렸다

배가 고프면 감나무 밑으로 달려가
감나무 흰 그늘을 끌어 모았다
저녁밥 짓던 엄마는 감자 싹이 곧 어깨를 허물 거라며
주워온 감꽃을 실에 끼워주셨다

나는 아궁이 옆에 쭈그려 앉아
가마솥이 우는 소리를 들으며 감꽃을 빼 먹었다
달금한 맛에 기분이 환해졌다

그때 나는
뱃속에 꽃등이 달리는 거라 믿었다

변이(變異)

상수리나무 몸통으로 철조망이 가로질러져 있다

바깥으로 퍼지다 멈춰버린 소리의 파장처럼
동심원을 뚫고 일직선의 나이테가 지나가고 있다

어긋난 뼈에는 어긋난 살이 붙는다
수피 밖으로 밀려나오고 있는
저 변이(變異)의 질척거림을
어떤 생에 관한 설명으로 읽어야 하나

혼돈의 시간을 건너고 있는 서로 다른 유전자들!

생이 곧 감옥인,
새로운 종(種)의 기원을 본다

꽃들의 방

자두 꽃봉오리 터지는 소리에
소란스런 봄날

꽃 속을 번갈아
수시로 들락거리는 벌과 꽃의 관계를 본다
둥글고 뾰족한 턱을 가진 것들이
무더기로 쏟아져 나올 산실

유전자가 같다는 말 속엔
근친이라는 따뜻함이 들어 있다
생각만으로도 얼굴 붉게 만드는 더운 기운
그 안을 들여다보면 아랫목이 있고
소박하게 차려진 밥상이 있다
세상에 근친이 없다는 건
돌아갈 저녁이 없다는 것이다

집 밖에서 들려오는 기웃거림은
열매들을 자라게 한다

불온한 눈빛들은 살집을 늘린다
근친, 그 붉고 따뜻한 말들로 기운 채색 옷들이
곧 담장을 넘을 것이다

한 꽃을 다녀가는 여러 마리의 벌들

사람 관계는 치명적이나
꽃들에겐 따뜻한 방

사월과 오월의 관계 속에 몇 개의 애경사가 있고
몇 개의 관계가 떨어졌다

압화(壓化)

책장 깊숙이 꽂혀 있던
시집을 펼치자
압화 한 송이
훅, 참았던 숨이 터진다

사막에 잠들어 있던 누란의 미라처럼
몸속 물기 모두 말려
책갈피만큼 얇아져 버린 꽃잎

깨알 같은 글자들을 이불처럼 덮고
생전의 기억을 고스란히 몸에 새긴 채
말라가고 있다

간절하면 열리는 것일까

제 몸엣것 다 내주고
비로소 화려하게 발굴되는
한 송이 꽃의 부활

유혹

절간 마당 한 귀퉁이

 명주 치마저고리 단아하게 차려입고 합장한 듯 다소곳이 꽃잎 오므린 백목련 한 그루. 전생에 남의 남자 흠모하여 생목숨 빼앗은 죄 동토의 시린 바람 온몸으로 받아내며 속죄 불공 드리나 싶었는데, 짓궂은 봄 햇살이 그녀의 몸에 내려앉아 툭툭 해찰 놓자 꼭꼭 싸매었던 저고리 앞섶 스스로 풀어헤치고 허연 허벅지 뽀얀 젖가슴 농염하게 드러낸 채 절간 마당 구석구석 흰 분내를 풍겨댄다. 저 혼자 몸 달았다 이내 널브러지는 그 모습에 점잖게 눈 내리뜨고 대웅전 앞 지키던 돌부처님 입가에도 묘한 미소가 번진다.

 하! 저 헤픈 년,
 부처님 마음까지 흔드네.

봉인을 풀다

온통 제 몸에 벽을 쌓고
천기누설을 막아왔던
저 단단한 봉인(封印)

금서를 펼치듯
조심스럽다

저수지 귀퉁이까지
파르르, 파문이 인다

물의 귀가 열리고
벌어진 입술 사이로 쏟아지는
백 년의 침묵,
긴 어둠의 껍질을 깨고 나와
한 몸을 이룰 때 탄생되는
붉고 푸른 보랏빛

육친의 몸을 거침없이 찢고

제가 제 몸을 범해 또 다른 불안을 잉태하는
저 짐승들

캄캄한 물밑을 기어 나와
세상을 향해 당당히 목을 세운 가시연

coming out을 선언한다

파란 시절 지나 붉은 고추밭 너머

  백주대낮 멍석 위 실오라기 하나 걸치지 않은 남자들 뻘건 몸뚱어리 적나라하게 드러낸 채 온갖 체위로 뒤엉켜 있다 팔월 단대목 땡볕에 정수리까지 차오른 탱탱한 기운 주체 못해 얼크러져 있다 내놓고 분탕질이다 붉은 몸 더욱 붉히며 제 피(皮)를 바짝바짝 말리고 있다 속속들이 배어 있는 매운 욕망 한바탕 질펀하게 풀어내고서야 말갛게 가벼워질 저 사내들

  비 온다 했으니 걷어 들이라는 말씀
  엉겨 있는 것들 들추고 쓸어내며 한참을 뒤적이다 보니
  유독 내 손만 화끈거리고 맵다
  먼 곳에서 비 듣는 소리 들리고
  바지춤에 쑤셔 넣듯 서둘러 포대에 쓸어 담는다

  누구나 붉은 얼굴이 아니면
  저 수컷들 앞에서 무덤덤하다

해설

멈추지 않는 단어들

박동억(문학평론가)

1. 공터는 말한다

  어떤 말들은 쉽게 멈추지 않는다. 사랑이 끝나도 사랑이라는 말이 남고, 가족을 떠나보내도 가족이라는 말이 남으며, 꽃이 져도 꽃이라는 말이 남는다. 그러한 단어들에 관하여 우리는 감히 진부하다고 말하기를 꺼린다. 늘 같은 얼굴과 그리움으로 대할 수밖에 없는 가족 앞에서, 해마다 똑같은 빛깔과 자세로 피어나는 봄꽃에 관하여, 왜 우리는 그 반복이 지긋지긋하다고 말하는 대신, 당신이 매번 내 곁에 돌아왔다고 말하는가. 그 단어들 속에 여전히 당신이 살아있다고 말하는가. 그 낡은 단어들은 오히려 우리를 매혹하고, 타인 앞으로 나아가게 하며, 한 끼의 식사를 나누듯 오래된 풍경을 우리에게 되살려준다. 모든 드라마에서 아무런 사건도 발생시키지 않고 갈등도 일으키지 않으며, 따라서 드라마의 진정한 배경을 이루는 풍경은 바로 그것이다. 동시에 삶의 평온을 지속하고 사랑하게 만들 수 있는 힘을 부여하는 풍경도 바로 그것이다.

일상의 사소함, 이수미 시인은 그러한 풍경을 감사의 마음으로 우러러본다. 그는 "세상에 근친이 없다는 건/돌아갈 저녁이 없다는 것이다."(「꽃들의 방」)라고 말한다. 그의 시 쓰기가 시작되고 다시 되돌아오는 장소는 바로 포옹의 장소다. 그의 시 쓰기는 가족과 사소한 식사와 가벼운 대화를 나누는 식탁으로 돌아오는 일이 얼마나 어려운 일인지 깨닫는 데서 시작된다. 시는 당신의 손이 머물렀던 장소에 내 손을 포개어 보는 시간이 얼마나 아픈 것인지 깨닫는 데서 온다. 당신의 목소리가 머물렀던 장소가 이제는 침묵하고 있다는 사실에 귀 기울이며 온다.

> 꽃들에겐 저마다 달[月]이 정해져 있지만
> 엎치락뒤치락 만날 때마다 서로 치고받았죠
> 이 손 저 손을 건너다니며
> 가슴을 졸이게 만들고 계절을 다투지만
> 개평, 열두 달을 손에 쥐고 오고 간 값을 헤아리다 보면
> 꽃의 시절은 손가락 사이로 술술 빠져나갔어요

조금씩 허물어지면서 사라진

꽃의 밑천은 다 어디로 갔을까요

—「어깨 너머 꽃밭」부분

  시인은 화투를 치는 여자들의 모습을 들여다보며, 오가는 화투 패와 그들이 잃은 '꽃의 시절'을 포개어 본다. 화투 패는 꽃이다. 화투 패가 사람 사이를 오가는 모습은 계절에 따라 대지를 쟁취하는 꽃을 연상하게끔 한다. 꽃은 청춘이다. 화투를 쥐거나 잃는 사람들은 그들의 밑천을 잃듯 시간을 죽이며 젊음과 멀어지고 있다. 화투판의 어깨 너머에 그들이 개평 받지 못한 시간이 놓여 있다. 인생에는 개평이 없다는 것, 시간은 조금의 밑천도 남기지 않고 모든 인간의 시간을 허물어간다는 것은 진실이다.

  그의 시에는 그런 쓸쓸한 진실을 들여다보려는 태도가 앞선다. 이수미 시인의 시는 비일상적인 은유나 새로운 인식으로 도약하기보다, 일상에 너무 깊이 녹아들어서 쉽게 지나치곤 하는 일상적 인식을 다시 또렷하게 만드는 시도에 가깝다. 그는 「바닥 편지」에서 말하듯, 세상의 "겹치고 엇갈리며 써 내려간 문장들을, 처음부터 읽고 끝에서부터 더듬어 읽고 흐트러질까 숨 참으며 다시 읽어" 볼 줄 안다. 시인은 발아래서 메말라가는 생명과 그것에서 새어 나오는 '유약한 말투'를 소중히 다룬다.

여러 퇴적층이 쌓여 지층을 이루고 글자와 숫자들이 세
절 속으로 떨어져 쌓이듯 겹쳐진다는 건 날개와 구르는 바
퀴와 내 발자국들이 한데 뒤섞여지는 것은 아닐까

응급실의 이동 침대도 그렇고
청진기를 들고 걸어가는 저 의사의 늙은 귀도 그렇고
팔딱거리다 멈춘 심장 소리들,
얼마나 많이 겹쳐져 있을까

까마득하게 겹쳐지며 채워져 나가는 빈칸의 죽음들
병원을 나오며 돌아보니 여전히
빈칸 아닌 빈칸으로 채워져 있는 그곳
─「겹쳐진다는 것」 부분

공터란 무엇인가. 현상적으로 말해, 그것은 비어 있음이며, 텅 빈 것은 종종 쓸쓸하다는 인상을 준다. 왜 텅 빈 것은 쓸쓸할까. 왜냐하면 쓸쓸한 마음은 수많은 생명이 머물렀다가 사라져간 '퇴적층'으로서 공터를 발견하고 있기 때문이다. 그것은 우리 삶의 어떤 계절도 영원하지 않다는 사실을 깨닫게 해준다. 수십만 번의 심장박동이 귀에서 귀로 전해졌고, 이제 그 모두를 공터가 감당하고 있다. 시인은 공터처럼 세상을 듣는다. '빈칸의 죽음들'로 몸을 채워나가는 공터처럼, 맥박을 찾

는 청진기처럼 깊이 듣는다. 그리하여 역설적으로 표현하자면, 그의 귀는 공터의 침묵을 가장 오래 듣는다.

그런데 공터는 넉넉함이기도 하다. 다른 이를 위해 자신을 비울 줄 아는 생명은 넉넉하다. 그래서 우리는 이렇게 표현할 수도 있다. 공터보다 생명은 참으로 넓다. 인간은 삶의 속도로 공터에 존재를 세우는 만큼 그것을 허물고 비울 줄 안다. 그리하여 그 수많은 생명을 하나의 공터에 겹쳐보아도 존재는 좁지 않다. 삶이란 다음 세대, 또 다음 세대로 건네지는 무한이다. 하나의 장소에 '까마득하게 겹쳐지며 채워'질 수 있는 삶의 원리는 자신을 버릴 줄 아는 생명의 능력에 기초한다.

이때 헤아릴 수 없이 많은 생명을 '겹쳐서' 보고 연민하려는 것이 이수미 시인의 두드러지는 자세이다. 또한 그는 공터의 넉넉함보다 쓸쓸함에 눈길을 둔다. 그 때문인지도 모른다. 시인은 '글자'와 '숫자'가 누적하는 과정을 역사라고 부르지 않는다. 그것들을 비문으로 새기는 대신 누군가의 '멈춘 심장 소리'이자 '빈칸'이라고 말한다. 그는 죽음을 사라져가는 몸짓이나 소리로 상상한다. 물론 삶의 속도는 저마다 다르다. 누군가는 때론 느린 걸음으로, 누군가는 때론 '날개'를 펼치고, 누군가는 '구르는 바퀴'로 세상에 자국을 남길 것이다. 시인이 받아 적으려는 것은 서로 다른 속도로 죽음을 향해 달려간 육체의 궤적이다.

그런데 아직 그들은 충분히 달리지 않은 것은 아닐까. 조금

더, 그들은 살아도 되지 않았을까. 그래서 시인은 "그 녹슬어 가는 소식에/저 초인종 떼어다 달아주고 싶다."(「폐허의 보루」)고 쓴다. 공터에는 목소리가 있다. 죽음 이후에도 어떤 흔적은 우리에게 목소리를 전한다. 어떤 단어는 "검은 밤의 사체,/멀고 먼 시원(始原)의 꿈인 듯"(「검은 도시가 해안가로 밀려왔다」) 온다. 무엇인가를 대신 말해달라는 것처럼, 파도는 무엇인가를 계속 우리에게 건넨다. 그 소리에 우리는 젖는다.

2. 자아는 유전처럼 온다

첫 시집을 발표하면서, 시인은 많은 시편에 가족을 향해 애정 어린 존경을 표현하고 있다. 「그림자를 오해하다」에서 고백하듯, 시 쓰기의 기원은 아버지인지도 모른다. 아버지의 말씀대로 시인은 '검은색'을 품고 살아가는데, 가슴속의 가장 어둡고 내밀한 장소를 뜻하는 그 검은색에는 "비범한 아버지가 웅크리고 앉아 계셨다"라고 쓰기도 한다. 시 쓰기를 가능케 하는 검은 잉크는 아버지로부터 온다. "식구들 밥 먼저 익히고 빠져나오느라/굴뚝 무너져 내리는 줄 모르셨던 아버지"(「굴뚝 날도래」)의 헌신으로 시인은 시를 짓는다고 쓴다. 또한 「휘파람새」에서, 어머니의 숨소리를 들으며 주운 '새의 깃털' 몇 개가 그의 시를 탄생시켰는지도 모른다. 분명히 시인은 어머니께 "나는 당신의 모든 언어에 빌붙어 살았다."(「어머니라는 그 머나먼 말씀」)라고 말하고 있다.

 무엇보다 세계의 근원적인 이미지는 가족의 형상으로 표현된다. 예컨대 「밤의 실루엣」에서 창문에 비친 '나'의 잔상은 "지나간 언니처럼 미래의 동생처럼" 발견된다. 이렇게 '나'를 타자화한다는 것은 놀라운 일이 아니다. 거울이나 유리창에 비친 '나'를 다른 사람처럼 대하는 것은 모든 인간이 자기를 인식하는 시작점이다. 자기 인식을 극단화하기 위하여, 대다수의 현대 시인들은 거울에 비친 '나'와 대화하거나 분리되는 방식으로 자아를 표현하기까지 한다. 이와 달리 이수미 시집의 특징은 '나'의 잔상을 '자매'로 바꾸어 '닮았다'고 전제하는 데 있다. 무엇보다 그의 시는 자아와 타자를 닮음으로 묶는다.

   유전이란 첫울음으로 전해지는 것이 아니라
   울음도 웃음도 없는 시대를 거슬러
   날 닮은 것들을 찾아오는 것은 아닐까

   이미 소멸한 몇 대를 거슬러
   그중 나와 비슷한 어느 조상과
   얼굴 맞춰보고 왔을 것이다

어느 시대 얼굴에서는 눈과 코를
어느 시대 핏속에선 불같은 성질을
어느 시대 조상에게선
마지막 뼈 한 마디가 안으로 굽는 새끼손가락을,
모두 소멸한 사람들 속에서 찾아왔을 것이다

나의 아들이 나를 찾아왔듯
아들의 아들들이 또 어느 날
이미 소멸한 나를 찾아올지도 모른다

아침 출근길,
한 여자가 나를 빤히 쳐다보고 지나갔다
그 여자는 몇백 년, 혹은
몇천 년 후의 내 유전일지도 모른다
세상의 얼굴들이란 다 떠도는 유령 같은 것,

나랑 가장 비슷한 얼굴을 위해
아침마다 비누칠을 하고
두 손으로 헹궈내는 일도 화장법도
이쯤에서 바꿔야 할 것 같다

독안(獨顔)으로 떠돌고 싶은,

―「유전자」 전문

'나'의 얼굴은 온전히 자신의 것이 아니다. 웃음의 자세도, 울음의 표정도 유전된다. 아버지로부터, 혹은 이름도 모르는 아버지의 아버지로부터 우리는 얼굴을 물려받는다. 더 나아가 내가 오래 지었던 표정들 또한 아들의 얼굴에 다시 피어날 것이다. 따라서 얼굴은 공터다. 얼굴은 누대의 표정과 마음을 되살리는 공터이자 연대기다. 시인이 "세상의 얼굴들이란 다 떠도는 유령 같은 것,"이라고 말할 때, 그것은 2000년대 현대시에서 자주 활용된 유령 모티프와는 대비되는 의미를 지닌다. 2000년대 현대시에서 유령은 계급 상으로 약자이고 가난한 타자나 사회로부터 배척되어 정체성이 부여되지 않은 고유성을 가리킨다. 반면 이수미 시인의 유령이란 내가 떨쳐내려고 해도 떨쳐낼 수 없는, 누대의 얼굴이다. 전설처럼 우리의 몸속에서 되살아나는 조상의 표정이고, 아들의 표정이다. 그러한 유령은, 우리 존재와 무관하게 떠도는 관념이 아니라 유전으로 몸에 새겨진 살이다.

마지막 문장에 시인은 나의 얼굴을 나만의 것으로 누리고 싶다고 쓴다. 즉 '독안(獨眼)'의 얼굴을 지니고 싶다는 것, 이것은 시인이라면 누구나 지니는 충동이다. 오롯이 나이고자 하는 욕망을 지니지 않았다면, 어째서 한 사람이 자신의 마음을 고유한 언어로 표현하겠는가. 그러나 대부분의 현대 시인에게 이 문장은 마지막이 아니라 출발점이다. 내부분의 시인은 이미 자신의 마음이 오롯이 자기 것이라는 전제하에 쏜다. 오히려 많은 현대시에서 첨예한 갈등을 일으키는 사실은, 나의 목소리가 오직 나의 것이기 때문에 타인의 마음에까지 전해지지 않는다는 한계이다.

이수미 시집은 현대시의 경향과 반대로부터 출발하기 때문에 흥미롭다. 마음 혹은 존재는 분유(分有)된 것, 즉 타인과 나누어 가진 공터다. 나의 얼굴조차 유령과 같은 타인과 함께 만들어낸 것이다. 따라서 그는 그 상황에서 혼자만의 방을 가지고 싶다고 고백하지만, 반대로 '독안(獨眼)'이 쉽게 될 수 없는 우리가 모두 가족처럼 닮은 존재라는 사실 또한 드러낸다. 그가 오래 들여다보는 진실은 후자 쪽이다. 그래서 시인은 합판을 사포로 긁어낸다고 쓰지 않고, 합판과 사포가 서로 닮아간다고 쓴다. 그는 이렇게 말한다. "그러니까 모든 합의 속에는 부드러운 나뭇결이 있다"(「합의」).

>낙화 선별 중인 배밭,
>누가 불 끄는 걸 잊은 채 외출했을까
>대낮인데도 환하다
>
>생전에 스위치 내리는 습관으로 온 방 돌아다니시다 배밭 한 귀퉁이에 묻히신 할머니, 어쩌면 지하의 발전소 직

원이라도 되어 계실지 몰라. 지상의 배밭이 환한 건 지하에서도 절전하시는 할머니 덕일 거야, 그렇지 않고서 저렇게 밝은 불빛 땅 위에 켜질 리 없어. 매년 이맘때쯤이면 땅속에서 바쁘게 들려오는 발전소 기계 돌아가는 소리. 이런 봄밤에 할머니 무덤에 찾아가서 계셔요? 아무리 불러 봐도 대답 없을 거야. 할머니는 무덤 비워놓고 잠시 지상으로 나와 배나무마다 불 끄고 다니실지도 모르니까.

—「배밭 발전소」 부분

시인은 닮음을 통해 세상을 본다. 그래서 모든 생명을 가족처럼 연민하기도 하고, 그 안에서 가족이 살아 숨 쉬는 것처럼 느끼기도 한다. '환한' 배밭이란 어떤 표현일까. 이미지로서 그것은 우람하게 자라난 배들을 뜻하는 것일 수 있다. 한편 이 시에서 환한 배밭은 할머니를 향한 그리움의 세기를 뜻한다. 애틋한 그리움으로 배밭을 바라보면, 한 귀퉁이 묻히신 할머니의 무덤이 보이고, 그 아래 아직도 살아계신 듯한 할머니의 목소리가 들려오는 듯하다. 할머니는 배밭 밑에서 바쁘게 움직이시며 예전 습관처럼 전등을 끄듯 배나무의 뿌리를 만지고 계실 것 같다.

세상의 모든 것이 가족처럼 닮았다면, 모든 존재는 서로 그리워할 수밖에 없다. 시인은 바로 그러한 마음으로 세상을 본다. 그는 「편두통」에서 새끼 딱따구리들의 배고픈 울음소리로 인해 편두통에 시달린다고 말한다. 그는 자식을 연민하듯 딱따구리를 연민한다. 더 나아가 시인은 화목과 평안의 상태를 지향한다. 그는 「팔을 걷으면」에서 "팔을 걷는다는 건 손을 다그치는 일"이며, 손이 폭력을 행사하도록 부추기는 행위라고 말한다. 반대로 옷소매를 내리는 일은 적개심을 버리는 것과 동일시된다. 그래서 「팔을 걷으면」의 마지막 문장은 "나무가 무성하게 걷어 올렸던 잎들을 풀어 내릴 때다."라는 단언으로 끝을 맺는다. 자연은 우리에게 후련해지는 길을 제시한다. 소매를 고치는 것은 마음의 무게를 덜어내는 일이다. 가을과 겨울을 거치면 나무가 잎을 훌훌 버리듯, 우리가 자신의 무거운 마음을 덜어낼 때, 비로소 우리는 함께 모여 다정해진다.

3. 물렁하고 작은 깨달음

일상적 사소함을 소중히 하는 것, 세상을 가족처럼 가까이 대하는 것, 이 두 가지 태도는 이수미 시인이 세계와 사회를 관찰하듯 거리를 두지 않는다는 사실을 보여준다. 본래 시인은 삶의 차원에서 세상을 독해하기 마련이지만, 특히 이수미 시인은 이러한 관점을 비교적 철저히 한다. 이것은 시인의 진술이 사적 체험에 기초하며, 대부분의 시가 독자에게 통념이나 인식을 새롭게 한다기보다 시인의 고백적 진실을 전한다는 사실까지도 뜻한다. 이 때문에 불교적 참선에 관한 몇 편의 시에서 그가 관념적·연역적 시선으로 세상을 진술하는 경우들이 눈에 띄기도 한다. 하지만 이 역시도 불교적 관념에 눈을 돌리고 있지는 않다.

> 파란 번뇌부터 바스락거리는 장삼까지
> 걸치고 벗기를 여러 번
> 계절을 두루 섭렵하고 정진 바라밀 하다가도
> 봄만 되면 철없이 속세의 계절을 따라
> 마을 쪽으로 가지를 뻗는 새순들
> 외다리 참선으로 고승은 못되고
> 고목이 되어가는 오동나무
> 까칠한 맨몸에 목청만 따뜻하다
>
> 저 몸통을 열면 사리 대신
> 벌레 먹은 알밤 툭툭 떨어지거나
> 무른 목탁 몇백 개쯤 쏟아져 나오겠다
> ―「나무 염불」부분

오동나무가 참선하는 고승처럼 서 있다. 아니, 아예 고승의 수준에는 도달하지 못하고 고승을 따라잡으려는 자세로 서 있다. 우리는 왜 시인이 고승보다 오동나무에 시선을 두었는지 물어야 한다. 고승을 떠올려보자. 그는 온몸과 일생을 참선에 바치는 자다. 심지어 고승을 화장하고 사리가 남을 때, 그것은 우리에게 존재는 사멸해도 다라니(陀羅尼), 즉 진리의 말씀은 절대 깨어지지 않는다는 사실을 깨닫게끔 한다. 반면 위 시의 화자는 고승이나 말씀의 견고함에 매료되기보다 좀 더 물렁한 존재에게 눈을 돌린다. '벌레 먹은 알밤'이나 '무른 목탁'처럼, 확고한 불성이 아니라 어딘가 허술하고 그래서 인간적인 믿음의 자세에 주목한다.

  썩은 것, 물렁한 것, 몇백 개쯤 와르르 쏟아지는 것, 그것은 세속을 떨쳐버릴 수 없는 인간적 삶의 성질이다. 오직 완전히 세속과 단절할 때만 믿음은 영원한 것, 견고한 것, 유일한 것이 될 수 있다. 어쩌면 우리는 시인이 인간의 비루함과 느슨함을 사랑한다고 말할 수 있을지도 모른다. 시인은 공염불이나 '나무 염불'까지도 사랑하고, 그래서 그 누구에게도 엄격한 잣대를 들이대지 않기 때문에, 모든 존재와 가족처럼 삶을 나눌 수 있다고 표현할 수 있다. 그런데 누군가는 이러한 정신을 천진난만하다고 말할지도 모른다. 천진난만은 삶의 잔혹에 눈 돌리지 않을 때만 가능하다고 말할지도 모른다. 그러나 삶의 잔혹을 넘어서까지 세상을 긍정할 수 있다면, 삶은 선물이 된다.

마당을 쓸다가
감꽃 하나 주워 우물거렸다

배가 고프면 감나무 밑으로 달려가
감나무 흰 그늘을 끌어 모았다
저녁밥 짓던 엄마는 감자 싹이 곧 어깨를 허물 거라며
주워온 감꽃을 실에 끼워주셨다

나는 아궁이 옆에 쭈그려 앉아
가마솥이 우는 소리를 들으며 감꽃을 빼 먹었다
달금한 맛에 기분이 환해졌다

그때 나는
뱃속에 꽃등이 달리는 거라 믿었다

―「감꽃」 전문

  만약 이 세상을 아이의 마음으로 끝까지 전진할 수 있다면, 세상은 얼마나 환할 것인가. 감꽃 하나 주워서 입술에 얹었을 때 입 안 가득 채우는 '달금한 맛'으로 세상을 물들일 수 있다면, "뱃속에 꽃등이 달리는 거라"는 그 믿음으로 계속 나아갈 수 있다면 말이다. 어쩌면 이수미 시인의 시는 그러한 실천을 몸소 행한다고 할 수 있다. 이수미 시인은 삶의 비루함과 잔

혹한 죽음을 목격하고 아픈 가족을 돌보면서도, 끊임없이 천진하고 달콤한 기분으로 나간다. 그의 이 전진이 세상을 조금은 환한 것으로 만드는 데 기여한다고 믿는다. "캄캄한 물밑을 기어 나와/세상을 향해 당당히 목을 세운 가시연"(「봉인을 풀다」)처럼 말이다. 가느다란 실 하나로 온몸을 지탱하는 가시연처럼, 천진난만은 위태롭게 세상을 난다. 물렁하고 작은 몸으로 간신히 세상을 내려다본다. 이수미 시인의 시가 열어놓는 풍경은 바로 그러한 비행이다. 꽃등과 연을 바라보고 있을 때처럼, 우리는 환한 비행을 바라본다. 그러면 세상이 조금은 가벼워졌다는 기분에 젖을 수 있을 테다.

이 도서의 국립중앙도서관 출판시도서목록(CIP)은 서지정보유통지원시스템 홈페이지(http://seoji.nl.go.kr)와 국가자료공동목록시스템(http://www.nl.go.kr/kolisnet)에서 이용하실 수 있습니다.(CIP제어번호: CIP2020007423)

시인동네 시인선 123

꽃의 밑천은 다 어디로 갔을까

ⓒ 이수미

초판 1쇄 발행　2020년 2월 29일
초판 2쇄 발행　2020년 7월 15일
　　지은이　이수미
　　펴낸이　고영
　책임편집　이리영
　　디자인　헤이존
　　펴낸곳　문학의전당
　　출판등록　제448-251002012000043호
　　　　주소　충북 단양군 적성면 도곡파랑로 178
　　　　전화　043-421-1977
　　전자우편　sbpoem@naver.com

　　ISBN　979-11-5896-458-0　03810

*이 책의 판권은 지은이와 문학의전당에 있습니다.
*양측의 서면 동의 없는 무단 전재 및 복제를 금합니다.
*잘못 만들어진 책은 바꿔드립니다.
*이 시집은 〈2020 문학나눔 도서보급사업〉에 선정되었습니다.